DÉCRET

SUR LA COMPOSITION

DES

RATIONS

(DU 29 NOVEMBRE 1897)

EN VIGUEUR

LE 1er JANVIER 1898

PARIS

AUGUSTIN CHALLAMEL, ÉDITEUR

RUE JACOB, 17

Librairie Maritime et Coloniale.

—

1898

DÉCRET

SUR LA COMPOSITION

DES

RATIONS

(DU 29 NOVEMBRE 1897)

EN VIGUEUR

LE 1ᵉʳ JANVIER 1898

PARIS

AUGUSTIN CHALLAMEL, ÉDITEUR

RUE JACOB, 17

Librairie Maritime et Coloniale.

—

1898

Le Ministre de la Marine, *à Messieurs les Vice-Amiraux commandant en chef, Préfets maritimes; Officiers généraux, supérieurs et autres commandant à la mer; Contre-Amiral commandant la Marine en Algérie.*

(Direction du Personnel; — 2e Sous-Direction : Services administratifs : — *Bureau des Subsistances et Hôpitaux.*)

Paris, le 29 novembre 1897.

Notification d'un arrêté ministériel du 29 novembre 1897, déterminant la composition des rations.

Messieurs, j'ai l'honneur de vous notifier un arrêté contenant de nouvelles dispositions au sujet de la composition des rations et qui sera appliqué, *à titre d'essai*, à partir du 1er janvier prochain, aux lieu et place du décret du 11 décembre 1893.

Vous remarquerez qu'il n'est plus prévu qu'une seule espèce de ration, qui sera délivrée à tout le personnel de la Flotte, à l'exception de celui qui est en service dans les dépôts. Cette ration comprendra chaque jour, soit 400 grammes de viande de bœuf ou 300 grammes de mouton ou de porc frais, soit 250 grammes de conserves de viande ou 300 grammes de porc salé.

En raison de leur prix élevé, les conserves de bœuf, que l'on fabriquera désormais à l'usine de Rochefort, ne seront distribuées qu'à la mer, sauf lorsqu'il y aura lieu d'activer la consommation de l'approvisionnement et conformément aux instructions spéciales qui seront adressées à cet effet.

Afin de simplifier la comptabilité, il a été établi des allocations *journalières* pour les légumes et les assaisonnements, et l'arrêté dispose que les vivres-viande, ainsi que les légumes secs, pourront être remplacés par des indemnités représentatives dont le taux est fixé, et que les conseils d'administration auront la faculté de percevoir lorsque les commandants le jugeront à propos, pourvu que les approvisionnements embarqués soient consommés dans la proportion voulue pour éviter des condamnations.

Les conseils d'administration qui auront ultérieurement la gestion des prestations en nature se conformeront, pour la perception et la comptabilité de ces indemnités, aux règles tracées par l'instruction du 21 novembre 1896.

Ce système d'allocation d'indemnités de viande et de légumes permettra de donner aux équipages une nourriture variée, sans introduire sur les bâtiments le régime complet de l'ordinaire qui présente de sérieux inconvénients à bord des navires armés.

Dans les ports et rades de France et d'Algérie, la perception de l'indemnité de viande de 0 fr. 40 sera obligatoire une fois par semaine.

La ration journalière de pain a été ramenée à l'ancienne fixation (750 grammes), qui a été jugée suffisante.

Les commandants des bâtiments pourront d'ailleurs, à titre d'essai, *mettre en commun* la quantité globale de pain ou de biscuit revenant à l'équipage.

Conformément aux avis exprimés par la plupart des commandants, ainsi que par le service médical, le tafia, dont la délivrance était déjà supprimée dans les pays chauds, n'a plus été compris dans la ration. Les spiritueux ne seront distribués que comme délivrance hors ration et seulement aux équipages à la mer ou en station sous des climats froids ou humides. Pour éviter l'ingestion du tafia à jeun, le boujaron ne sera délivré, à chaque plat, que lorsque la gamelle ayant contenu le café sera rapportée vide à la cambuse.

La composition de la ration des marins des dépôts, qui vivent à l'ordinaire, a été simplifiée pour faciliter le décompte de l'indemnité représentative, tout en maintenant à celle-ci la valeur qu'elle avait précédemment.

La ration de troupe n'a pas été modifiée ; mais, conformément aux dispositions de la circulaire du 25 octobre dernier, les ordinaires profiteront de la moitié de la valeur des rations de pain perçues en moins par le corps.

Lors de la prochaine inspection générale, il devra être établi un rapport spécial indiquant les observations auxquelles aura pu donner lieu l'application du nouveau régime, ainsi que les modifications qu'il pourrait être utile d'y apporter.

Jusqu'à ce que les approvisionnements de graine de moutarde soient épuisés, ce condiment sera délivré à tous les rationnaires embarqués ou à terre (troupes et détenus compris), en supplément à la ration.

A titre transitoire, le fromage existant soit dans les magasins, soit à bord des bâtiments, continuera d'être délivré dans les mêmes conditions que par le passé.

Signé : G. BESNARD.

Arrêté déterminant la composition des rations dans le Département de la Marine.

(Du 29 novembre 1897.)

Le Ministre de la Marine,

Le Comité des inspecteurs généraux de la Marine entendu,

Arrête :

CHAPITRE PREMIER

MARINS EMBARQUÉS

SECTION PREMIÈRE

RATIONS

Article premier

Ration des hommes embarqués

1. — La ration à délivrer aux personnes embarquées sur les bâtiments de la flotte se compose, pour chaque individu, quelle que soit sa qualité à bord, ainsi qu'il suit :

DENRÉES			RATION journalière	DÉJEUNER	DÎNER	SOUPER	OBSERVATIONS
				grammes	grammes	grammes	Lorsqu'il n'est délivré que du pain blanc, les allocations sont fixées comme suit :
Vivres-pain.	Pain	d'équipage	550 gr.	200	175	175	Déjeuner. . . 200 gr. ⎫
		blanc	200 gr.	»	100	100	Diner . . . . 275 ⎬ 750 gr. par jour.
	Biscuit		»	150 (a)	»	»	Souper. . . . 275 ⎭
Vin.	Marins		50 cl.	»	25	25	Lorsque le pain est fabriqué à bord, il est alloué 740 gr. de farine par kilogr. de pain. Dans les cas exceptionnels où cette allocation serait reconnue insuffisante, la quantité consommée en sus serait justifiée par un ordre écrit et motivé du commandant.
	Mousses		30 cl.	»	15	15	
Déjeuner.	Café		20 gr.	20	»	»	
	Sucre		20 gr.	20	»	»	
	Viande fraîche (1).	de bœuf.	400 gr. (A)	»	200	200	
		de mouton ou de porc.	300 gr. (A)	»	150	150	peuvent être remplacés par une indemnité représentative de 0 fr. 40 par jour ou de 0 fr. 20 par repas.
Vivres-viande.	ou Conserves de viande		250 gr. (A)	»	125	125	
	ou Porc salé		300 gr. (A)	»	150	150 (B)	
	Légumes verts (argent) (c)		0 fr. 04 (2)				
Légumes.	et Légumes secs (haricots ou riz)		100 gr. (3)				Peuvent être remplacés par une indemnité représentative de 0 fr. 025.
	ou Pommes de terre		400 gr. (3)				Délivrée suivant les besoins. La dépense mensuelle ne doit pas dépasser le total des allocations acquises pour les deux denrées réunies.
Assaisonnements.	Graisse ou huile		10 gr.				
	Poivre		0 gr. 05				Délivrés suivant les besoins. La dépense mensuelle ne doit pas dépasser le total des allocations acquises. Les autres condiments (moutarde, etc.) seront achetés sur les allocations attribuées pour legumes verts.
	Sel (4)		16 gr.				
	Vinaigre		5 mill.				

(a) En remplacement de 200 grammes de pain.

(A) Les jours où la totalité des vivres « viande » sera allouée en une seule espèce de viande (viande de bœuf, de mouton ou de porc frais, conserves ou porc salé), la répartition par repas pourra être modifiée par les autorités du bord.

(B) Pouvant être remplacé deux fois par mois par 100 grammes de sardines.

(c) Les allocations pour legumes verts et les indemnités représentatives auxquelles viendra s'ajouter le produit de la vente des peaux, issues, boîtes à conserves, etc., doivent servir exclusivement a la nourriture des hommes. Il est expressément interdit de les affecter a un autre usage.

(1) Suivant les ressources des lieux et afin de varier la nourriture, il peut être embarqué et délivré du mouton ou du porc en remplacement de bœuf, si cette mesure n'est pas onéreuse pour le Trésor.

(4) Les légumes desséchés peuvent être délivrés par les magasins des subsistances ou des dépôts coloniaux, sur la demande des commandants, pour être con-

2. — Toutefois, en France, la ration de pain peut être remplacée :

1° Pour les tables d'officiers (Aspirants, État-major, Commandant, etc.),
par 540 grammes de petit pain ;

2° Pour la table des maîtres, par 600 grammes de pain blanc.

3. — La ration du marin embarqué peut être remplacée par une indemnité représentative, dont le taux est déterminé par le Ministre.

4. — La ration des marins indigènes embarqués sur les bâtiments de la flotte est réglée par des dispositions spéciales.

Art. 2.

Modifications à la ration.

1. — Les commandants en chef des forces navales et les commandants des bâtiments à la mer peuvent modifier la composition de la ration des équipages lorsqu'ils le jugent indispensable, eu égard aux nécessités hygiéniques.

2. — La même faculté leur est accordée lorsque, dans certaines circonstances, il y aurait avantage réel à le faire, en raison de l'état relatif des approvisionnements et du prix des denrées sur les lieux de station ou de relâche. Dans l'un et l'autre cas, ils sont tenus de rendre compte spécialement au Ministre, de la nature des modifications, de leur durée et des motifs qui ont nécessité la mesure.

Art. 3.

Ration des malades.

1. — La ration de malade, à bord des bâtiments, est composée d'après les prescriptions médicales.

2. — Les commandants des bâtiments, sur les propositions écrites des médecins-majors, peuvent autoriser, lorsqu'ils en reconnaissent la nécessité, l'achat de poules, œufs, poissons, légumes et autres vivres frais, pour être délivrés aux malades en remplacement des denrées embarquées.

3. — Les denrées nécessaires aux malades peuvent également être délivrées, à titre de cession, par les tables.

Art. 4.

Personnel à terre autre que les marins des dépôts.

1. — Le personnel des Équipages de la flotte en service à terre autre que les marins des dépôts, reçoit la ration du marin embarqué.

2. — Les instructeurs et les élèves de l'École de gymnastique reçoivent, en outre, un supplément de 25 centilitres de vin, de 50 grammes de pain d'équipage et de 50 grammes de viande par jour.

SECTION II

DÉLIVRANCES HORS RATION

ART. 5.

Délivrances de spiritueux.

1. — Excepté dans les pays chauds, il est alloué, après le déjeuner, 3 centilitres de spiritueux aux équipages (tables des maîtres et des seconds-maîtres comprises) des bâtiments à la mer, ainsi qu'à ceux des navires se trouvant sous des climats froids ou particulièrement humides.

2. — Pour ces derniers, la délivrance est ordonnée par le commandant en chef ou par les commandants des bâtiments isolés.

3. — Les spiritueux ne sont pas délivrés, le cas échéant, aux jeune gens âgés de moins de dix-huit ans, non plus qu'aux femmes.

ART. 6.

Bâtiments-écoles.

1. — Le personnel en instruction des bâtiments-écoles des gabiers et de canonnage (quartiers-maîtres et matelots instructeurs compris) peut recevoir un supplément de 75 grammes de pain d'équipage par jour.

2. — Ce supplément n'est accordé que sur un ordre spécial du commandant.

3. — Le personnel en instruction des bâtiments-écoles des gabiers, de canonnage et des torpilles, et leurs instructeurs, peuvent recevoir, pendant la période des exercices, un supplément de 25 centilitres de vin par jour.

4. — Ces délivrances, auxquelles les seconds-maîtres instructeurs peuvent participer, ne sont autorisées que lorsque le commandant de l'École en reconnaît la nécessité.

ART. 7.

Suppléments de chauffe.

1. — Lorsque les feux sont allumés à bord des bâtiments à vapeur, il est accordé à chaque homme du personnel de la machine en service soit devant les feux, soit dans la machine, soit dans les soutes, sans toutefois dépasser l'effectif réglementaire des quarts :

1° Par quart de quatre heures (tout quart commencé étant réputé terminé), 12 centil. 5 de vin et 100 grammes de pain ;

2° Par jour, une boisson hygiénique étendue d'eau et pour la préparation de laquelle il est alloué 10 grammes de café et 10 grammes de sucre.

2. — Le maître mécanicien chargé participe à la boisson hygiénique et il lui est attribué, en outre, 25 centilitres de vin par vingt-quatre heures.

3. — Les commandants peuvent allouer les suppléments de chauffe aux hommes en faction devant le tableau de distribution placé à côté de la machine Gramme, lorsque cet appareil est situé dans un compartiment où la température est très élevée.

Art. 8

Canots à vapeur.

1. — Les dispositions de l'article 7 ne sont pas applicables au personnel de la machine en service dans les canots à vapeur ; toutefois, ce personnel peut recevoir un quart de vin par jour lorsque le commandant en reconnaît la nécessité.

Art. 9.

Bateaux torpilleurs

1. — Les équipages des bateaux torpilleurs (torpilleurs-vedettes, torpilleurs de 3e, 2e et 1re classes, torpilleurs de haute mer) reçoivent, à la mer, un supplément de 25 centilitres de vin par jour.

2. — Les membres de la table des maîtres participent à cette délivrance.

3. — Le personnel de la machine des bateaux-torpilleurs reçoit, à la mer, les allocations supplémentaires prévues à l'article 7 ; toutefois, l'allocation de vin est portée à 25 centilitres par quart. Ce personnel ne peut cependant recevoir plus d'un litre de vin par jour, ration comprise.

Art. 10.

Suppléments divers

1. — Les commandants des bâtiments sont autorisés à ordonner la distribution de rations supplémentaires de 25 centilitres de vin à l'occasion des réjouissances publiques.

2. — Des distributions de 25 centilitres de vin peuvent être effectuées à la suite de travaux extraordinaires ou pénibles, à propos desquels il peut être également alloué 100 grammes de pain et 50 grammes de conserves de viande ou de poisson.

3. — Les officiers généraux, supérieurs et autres commandant à la mer sont autorisés à donner des gratifications de 25 centilitres de vin à la suite des inspections générales.

4. — Les commandants des bâtiments sont autorisés à accorder, à titre de récompense, des suppléments de 25 centilitres de vin ; sauf dans des cas particuliers, qui sont laissés à l'appréciation des commandants, le nombre des quarts de vin à accorder par semaine ne doit pas dépasser la moitié de l'effectif de l'équipage.

5. — Les membres de la table des maîtres et des seconds-maîtres peuvent participer à ces délivrances.

Art. 11.

Délivrances spéciales aux climats très froids

1. — Il est délivré aux équipages des bâtiments en mission à Terre-Neuve ou en Islande, ou naviguant sous des climats très froids, un supplément de 75 grammes de pain ou, à défaut, de 60 grammes de biscuit par homme et par jour.

2. — Les membres de la table des seconds-maîtres participent à cette délivrance.

Art. 12.

Boissons chaudes

Les commandants des bâtiments naviguant ou en station dans des parages froids ou humides sont autorisés à faire délivrer aux hommes, quand ils en reconnaissent la nécessité, une boisson composée de 20 centilitres d'eau chaude, de 3 centilitres de spiritueux, de 15 grammes de sucre et de 4 grammes de thé.

Art. 13.

Délivrances spéciales à la station de Terre-Neuve ou d'Islande

1. — Les équipages des bâtiments devant former la station de Terre-Neuve ou d'Islande ont droit, par homme et pour la durée de la campagne, à 600 grammes d'huile d'olive.

2. — Les membres de la table des seconds-maîtres participent à cette délivrance.

Art. 14.

Délivrances spéciales aux pays chauds

1. — Les délivrances suivantes sont accordées, par homme et par jour, aux équipages des bâtiments :

1° Pendant les traversées entre Suez et l'Indo-Chine
- Café. . . 10 gr.
- Sucre . . 10 gr.
- Spiritueux 2 cl.

2° Pendant les traversées entre l'Indo-Chine et Suez
- Thé. . . . 4 gr.
- Sucre . . 10 gr.
- Spiritueux 2 cl.

2. — La première de ces allocations est attribuée également aux bâtiments pendant leur stationnement à la Guyane, sur la côte occidentale d'Afrique et dans la mer des Indes.

3. — La seconde est accordée aux bâtiments stationnant dans l'Indo-Chine.

4. — Les membres de la table des seconds-maîtres participent à ces délivrances.

Art. 15.

Ration hygiénique

1. — Il est alloué aux équipages des bâtiments stationnant ou naviguant entre les tropiques, par homme et par jour, 3 grammes de café et un centilitre de spiritueux, pour assainir l'eau de boisson.

2. — Une allocation semblable peut être accordée pendant les grandes chaleurs, aux équipages des bâtiments stationnant ou naviguant en dehors des tropiques. La délivrance en est ordonnée par le commandant en chef ou par les commandants des bâtiments isolés et elle doit être supprimée dès que les circonstances atmosphériques qui l'ont motivée ont cessé d'exister.

3. — Les membres de la table des seconds-maîtres participent à cette délivrance.

CHAPITRE II

MARINS DES DÉPOTS

Art. 16.

Ration

1. En temps de paix, les officiers mariniers, quartiers-maîtres et marins des dépôts vivent à l'ordinaire.

2. — L'indemnité représentative de vivres est basée sur la ration suivante :

DENRÉES		RATION JOURNALIÈRE	OBSERVATIONS
VIVRES-PAIN . .	Pain d'équipage . . .	550 gr	Lorsque les circonstances obligent a delivrer des vivres de campagne, 150 gr. de biscuit sont décomptés au prix de 200 gr. de pain d'équipage. — 200 gr. de conserves de viande ou 250 gr. de porc salé au prix de 300 grammes de viande fraiche
	Pain blanc	200 gr.	
VIN		25 centil.	
DÉJEUNER . . .	Café	15 gr.	
	Sucre	10 gr.	
VIVRES-VIANDE — Viande fraîche. . . .		300 gr.	
LÉGUMES. . . .	Légumes verts . . .	0 fr. 03	
	avec		
	Légumes secs , . . .	100 gr.	
ASSAISONNEMENTS	Graisse ou huile . . .	10 gr.	
	Poivre.	0 gr. 05	
	Sel . . . . ,	16 gr.	
	Vinaigre.	5 mill.	

3. — En temps de guerre, si le Préfet maritime ne juge pas préférable de maintenir le régime de l'ordinaire, les marins des dépôts reçoivent la ration ci-dessus, augmentée de 50 grammes de viande.

Art. 17.

Délivrances hors ration

1. — A l'occasion des réjouissances publiques et dans des cas exceptionnels, tels que : incendie, sauvetage, travail de nuit, travail du scaphandre (après une demi-heure d'exercice), il peut être délivré aux officiers mariniers, quartiers-maîtres et marins des dépôts une ration supplémentaire de 25 centilitres de vin.

2. — Les préfets maritimes commandant en chef, les inspecteurs généraux de la Marine sont autorisés à accorder la même ration supplémentaire à la suite d'inspections.

Art. 18.

Ration hygiénique

1. — Les officiers mariniers, quartiers-maîtres et marins des dépôts ont droit, pendant la saison des chaleurs, à 3 grammes de café par homme et par jour, pour assainir l'eau qu'ils boivent.

2. — La durée normale de cette allocation est fixée, du 15 juillet au 31 août, pour les 1er, 2e et 3e arrondissements maritimes, et du 15 juin au 15 septembre, pour les 4e et 5e arrondissements. Ces dates doivent être considérées comme des dates extrêmes, dans l'intervalle desquelles les délivrances peuvent être autorisées ; mais les Préfets maritimes doivent différer ces délivrances ou en abréger la durée, suivant l'état de la température.

3. — En dehors des périodes déterminées ci-dessus, cette ration ne peut être distribuée sans une décision spéciale du Ministre.

4. — La ration hygiénique peut être remplacée par une indemnité représentative.

Art. 19.

Marins en détachement

Les officiers mariniers, quartiers-maîtres et marins voyageant en détachement par les chemins de fer reçoivent, par jour, une ration composée de 750 grammes de pain d'équipage et de 200 grammes de conserves de viande.

Art. 20.

Sections d'exclus

1. — Les exclus ont droit à la ration des marins des dépôts, ainsi qu'à la ration hygiénique prévue à l'article 18.

2. — Des vivres de campagne peuvent leur être délivrés dans les conditions suivantes :

150 grammes de biscuit pour 200 grammes de pain d'équipage ;

200 grammes de conserves de viande pour 300 grammes de viande fraîche ;

250 grammes de porc salé pour 300 grammes de viande fraîche.

3. — La portion journalière de légumes secs peut être remplacée par une indemnité représentative de 2 centimes.

CHAPITRE III

DÉTENUS DES PRISONS MARITIMES

SECTION PREMIÈRE

RATION

Art. 21.

La ration des détenus, dans les prisons maritimes, est composée comme suit :

DENRÉES	RATION journalière	DIVISION PAR REPAS			OBSERVATIONS
		DÉJEUNER	DINER	SOUPER	
Pain d'équipage	800 gr.	250 gr.	275 gr.	275 gr.	Il peut être délivré du biscuit a raison de 180 gr. pour 250 gr. de pain.
Viande	250 gr.	ou 150 gr. de conserves de viande ou 200 gr. de porc salé.			
Légumes verts	0 fr. 02				
avec					
Légumes secs	100 gr.	pouvant être remplacés par une indemnité représentative de 2 centimes.			
Graisse ou huile	10 gr.				
Poivre	0 gr. 05				
Sel	16 gr.				
Vinaigre	5 mill.				

SECTION II

DÉLIVRANCES HORS RATION

Art. 22.

Suppléments de pain.

Le commissaire aux fonds et prisons peut faire accorder exceptionnellement aux hommes pour lesquels la ration réglementaire est insuffisante, les suppléments de pain et de biscuit déterminés par le médecin de la prison. Ces suppléments ne peuvent dépasser 275 grammes de biscuit ou 375 grammes de pain par jour; la concession en est limitée au cinquième de l'effectif des détenus.

Art. 23.

Ration des détenus punis.

Les détenus punis de cellule, du cachot ou de la privation du temps de repos et ceux qui ne se livrent pas au travail, ne reçoivent que la ration de pain; toutefois, cette ration peut être augmentée de 250 grammes pour les détenus qui sortent de la cellule à l'effet d'exécuter certains travaux de propreté.

Art. 24.

Ration hygiénique.

Les détenus ont droit, pendant la saison des chaleurs, à la ration hygiénique prévue à l'article 18.

Art. 25.

Suppléments de vin.

1. — Les détenus de la maison de correction qui sont employés à des travaux de force à l'extérieur peuvent recevoir, par journée de travail, une ration de 25 centilitres de vin.

2. — Cette allocation est réduite à 12 centil. 5 pour les hommes qui n'ont été employés aux travaux que pendant une partie de la journée.

CHAPITRE IV

TROUPES A TERRE EN FRANCE

SECTION 1re

RATION

ART. 26.

Ration des troupes.

1. — Les sous-officiers, brigadiers, caporaux et soldats des corps de troupes de la Marine ont droit, chaque jour de présence, à une ration composée :

1° De 750 grammes de pain d'équipage et de 300 grammes de viande fraîche (le pain peut être remplacé par du biscuit, à raison de 180 grammes pour 250 grammes de pain et la viande par des conserves de viande, à raison de 200 grammes ou par du porc salé à raison de 250 grammes pour 300 grammes de viande fraîche).

2° *D'un quart* de la ration suivante de café et de sucre :

Troupes munies de percolateurs.	12 gr. de café vert (soit 3 gr. par jour); 10 gr. de sucre (soit 2 gr. 5 par jour);
Troupes sans percolateur.	19 gr. de café vert (soit 4 gr. 75 par jour); 18 gr. de sucre (soit 4 gr. 5 par jour).

2. — La ration de viande ou la ration complète peut être remplacée par une indemnité représentative dont le taux est déterminé par le Ministre.

SECTION II

DÉLIVRANCES HORS RATION

ART. 27.

Ration hygiénique.

Les hommes de troupe ont droit, pendant la saison des chaleurs, à la ration hygiénique prévue à l'article 18.

ART. 28.

Suppléments aux troupes détachées à Gavre.

Les sous-officiers, brigadiers et artilleurs de la Marine, détachés à Gavre pour le service de la Commission d'expériences de tir, reçoivent un supplément de 25 centilitres de vin.

Art. 29.

Suppléments de vin.

1. — Les Inspecteurs généraux, lors de leurs inspections annuelles, et les Préfets maritimes, à la première revue dite d'installation qu'ils passent lors de la prise de possession de leur commandement, sont autorisés à faire délivrer aux troupes une ration supplémentaire de 25 centilitres de vin.

2. — Cette ration supplémentaire peut être accordée à l'occasion des réjouissances publiques.

SECTION III

INSCRITS DISCIPLINAIRES

Art. 30

Ration des inscrits disciplinaires.

1. — Les marins de la section spéciale du corps des disciplinaires des Colonies reçoivent la ration de troupe.

2. — Il est versé à l'ordinaire du corps, sur les fonds du chapitre « vivres », une somme égale à celle qui est prélevée sur la solde des fusiliers disciplinaires.

CHAPITRE V

Art. 31.

Prisonniers de guerre.

La ration des prisonniers de guerre soit à bord des bâtiments, soit à terre, est composée pour chaque homme, sans distinction de grade, conformément aux dispositions des articles 1 et 16 ; toutefois, il ne leur est alloué, à bord comme à terre, qu'une ration de vin de 25 centilitres au dîner.

Art. 32.

Condamnés.

Les condamnés reçoivent, à la mer, la ration du marin embarqué, sans vin.

Fait à Paris, le 29 novembre 1897.

Signé : G. BESNARD.

BASES D'EMBARQUEMENT DES VIVRES DE CAMPAGNE

Les quantités de vivres de campagne à embarquer sur les bâtiments sont calculées d'après les fixations du tableau suivant, qui indique la composition de 1000 rations :

QUOTITÉ de la ration	DÉSIGNATION DES DENRÉES		QUANTITES correspondantes à 1000 rations	PROPORTION adoptée.	OBSERVATIONS
0k,150	Biscuit (déjeuner)		107 kil.	5/7	
0,148	Farine (A) { pour pain d'équipage . . {	déjeuner .	42 } 304 k.	2/7	
0,259		diner et souper .	259 }	7/7	
0,148	{ pour pain blanc }	diner et souper.	148 kil.	7/7	
0,148	Farine pr pain blanc (B) {	déjeuner .	42 } 449 k.	2/7	
0,407		diner et souper.	407 }	7/ 7	
	Fleurage		3 kil.	»	Y compris 5 p. 100 en plus.
0l,50	Vin.		525 litres.	7/7	
0k,020	Café		20 kil.	7/7	
0,020	Sucre		20 kil.	7/7	
0,125	Conserves de viande (C) {	diner . . .	125 } 241 k.	7/7	
0,125		souper . .	116 }	26/28	
0.300	Porc salé		»	»	Les délivrances se font à raison de 300 g. pour 250 g. de conserves de viande.
0,100	Conserves de poissons		7 kil.	2/28	A raison de deux soupers par mois.
0,100	Légumes secs (D) . . {	haricots. .	99 kil.	»	
		riz . . .	1 kil.	»	
0,005	Légumes desséchés		»	»	Les délivrances n'ont lieu que sur la demande des commandants, lesquels déterminent les quantités à embarquer pour les cas où il leur serait impossible de se procurer des légumes frais.
0,010	Graisse		8 kil.	7/7	
0,010	Huile		2 kil.	7/7	
0g,05	Poivre.		0k,050	7/7	
0k,016	Sel . . { ration		16 kil.	7/7	
	{ fabrication du pain. . .		3 kil.	»	
0l,005	Vinaigre		5 litres.	7/7	

(A) Pour les bâtiments qui reçoivent deux sortes de farines.
(B) Pour les bâtiments qui ne reçoivent que de la farine pour pain blanc.
(C) Les bâtiments recevront des boîtes de 1 kilog. ou au-dessous pour faire l'appoint des distributions, etc. Pour les petits bâtiments (torpilleurs, etc.), la totalité de l'approvisionnement sera constituée en boîtes de 1 kilogr. ou au-dessous.
(D) Peuvent être remplacés par 400 gr. de pommes de terre.

Le nombre des repas de biscuit à embarquer sera fixé par le commandant en chef.

En principe, il sera distribué aux équipages embarqués 3 repas de pain par jour et, hors des arsenaux, il sera suppléé à l'insuffisance des moyens du bord par des achats.

Les approvisionnements de farine comprendront de la farine pour pain d'équipage et de la farine pour pain blanc. Jusqu'à nouvel ordre, cette mesure ne sera pas applicable aux achats à l'extérieur, non plus qu'aux envois aux dépôts coloniaux.

Le nombre de jours de denrées solides ou de liquides à mettre à bord des bâtiments sera déterminé, suivant les types des navires (1), par les commandants en chef, qui fixeront également le minimum au-dessous duquel les approvisionnements ne devront jamais descendre.

Les bâtiments non naviguants tiendront compte de la faculté de percevoir des indemnités représentatives.

BASES D'EMBARQUEMENT DES VIVRES POUR LES DÉLIVRANCES HORS RATION

Les quantités de vivres à embarquer sur les bâtiments pour délivrances hors ration seront déterminées par l'administration du port d'armement.

L'approvisionnement pour les délivrances au personnel de la machine sera fixé dans la prévision de six jours de chauffe par mois, en prenant pour base le nombre de rationnaires du personnel de la machine et le nombre de mois de l'approvisionnement de vivres de campagne.

Les liquides à distribuer en gratifications seront pris sur l'approvisionnement du bord.

---

(1) Tel bâtiment, par exemple, qui peut loger soixante ou soixante-quinze jours de vin, ne peut prendre que quarante-cinq jours de farine.

DÉLIVRANCE DU COMBUSTIBLE POUR LA CUISSON DES ALIMENTS

1° *Délivrances aux bâtiments.*

Les quantités de bois et de charbon à embarquer pour la cuisson des aliments sont fixées de la manière suivante :

	QUANTITÉS A EMBARQUER par mois.		OBSERVATIONS
CUISINES DES ÉQUIPAGES	Bois	Charbon	
	kilogr.	ki ogr.	
1,200 rationnaires. . . .	5,950	7,930	NOTA. — Si l'effectif des rationnaires est supérieur a 1200, il embarque en plus :
1,100 — et plus.	5,6 0	7,460	
Bâtiments 1,000 —	5,230	6,970	1° 300 kilogr. de bois ;
à vapeur 900 —	4,840	6,450	2° 400 — de charbon,
et à voiles 800 —	4,430	5,900	
à la mer, 700 —	4,000	5,330	par 100 hommes et par mois.
dans 600 —	3,550	4,730	Il n'est pas interdit de remplacer le charbon par le bois. et *vice versa*, lorsque cette mesure est nécessitée par l'état des approvisionnements ou les convenances du service.
les ports 500 —	3,080	4.100	
et rades 400 —	2,590	3,450	
de France 300 —	2,080	2.770	
comptant 200 —	1,550	2.060	
à 100 —	1.000	1 340	Dans les cas de l'espèce, la ration de charbon sera de la moitié du poids de la ration réglementaire de bois. et réciproquement, les fixations pour le bois s'élèveront au double des fixations correspondantes en charbon,
l'effectif, 70 à 99 —	800	1.060	
passagers 50 à 69 —	700	930	
compris 10 à 49 —	600	800	
Moins de 10 rationnaires par 100 rations. . . .	150	200	
CUISINES DISTILLATOIRES			
1re grandeur		2,400	Les quantités de combustible pouvant être parfois insuffisantes, on ne devra pas, lors de l'apurement des comptes, imputer aux maîtres commis les excédents de dépenses (circulaire du 27 juillet 1889).
2e —		1,800	
CUISINES DES TABLES			
1re grandeur		1.590	
2e —		750	
3e —		660	
4e —		600	
5e —		480	
6e —		450	

2° *Délivrances aux marins à terre ;*

3° *Délivrances aux prisons maritimes.*

Les quantités à délivrer sont celles prévues ci-dessus pour les bâtiments, diminuées d'un cinquième.

Le combustible nécessaire aux troupes, tant pour la cuisson des aliments que pour le chauffage des chambres est fourni par la Direction des travaux hydrauliques. (Circulaires des 14 avril 1891 et 26 avril 1892).

BASES D'EMBARQUEMENT DES VIVRES DE MALADES

1re CATÉGORIE. — *Stationnaires. — Bâtiments-écoles non naviguants. Bâtiments en essais. — Gardes-pêche.*

Limiter les délivrances à :

2 demi-litres de bordeaux ;
2 demi-litres de banyuls ;
1^k,500, pour 100 hommes, de lait concentré.

2e CATÉGORIE. — *Autres bâtiments ne s'éloignant pas des côtes de France et d'Algérie ou naviguant dans les mers d'Europe (Escadres).*

Pour 100 hommes :

10 litres de vin en bouteilles (en demi-litres).
1 kilogr. de gelée de viande.
1 kilogr. de conserves de volailles.
1 kilogr. de haricots verts.
1 kilogr. de pois verts.
0^{k}250 de chocolat.
0^k,500 de pruneaux.
0^k,150 de tapioca.
0^k,250 de gelée de pommes.
0^k,250 de gelée de coings.
0^k,250 de beurre.
6 kilogr. de lait concentré.
8 litres de vin de Banyuls (en demi-litres).
8 litres de vin de Bordeaux (en demi-litres).

L'approvisionnement ne sera complété, pour chaque denrée, que lorsque l'existant sera réduit à la moitié des quantités résultant de ces fixations.

3ᵉ CATÉGORIE. — *Bâtiments effectuant de longues traversées ou des campagnes spéciales.*

NOMENCLATURE des DENRÉES	DÉLIVRANCE A L'ARMEMENT POUR UNE CAMPAGNE DE 2 ANS (S'il y a lieu de pourvoir au remplacement de certaines denrées, les quantités à demander seront basées sur la période restant à accomplir.)						DIVISION navale de Terre-Neuve et d'Islande
	DIVISION navale de l'Atlantique.	DIVISION navale de l'océan Indien.	DIVISION navale du Pacifique	DIVISION navale de l'Extrême-Orient	Indo-Chine	STATIONS locales : Sénégal, Congo, Guyane, Tahiti, Nouvelle Calédonie.	
	Pour 100 homm.	Pour 100 homm.	Pour 100 homm.	Pour 100 homm.	Pour 100 homm.	Pour 100 homm.	Fixations des bâtiments de la 2ᵉ catégorie
Vin en bouteilles .	40 lit. en 1/2 lit	40 lit. en 1/2 lit	60 lit. en 1/2 lit	60 lit. en 1/2 lit	20 lit. en 1/2 lit	20 lit. en 1/2 lit	
Gelée de viande . .	4ᵏ	4ᵏ	6ᵏ	6ᵏ	4ᵏ	2ᵏ	
Con-serves { de volailles.	4	»	6	2	2	2	
de haricots verts.	4	»	6	2	2	2	
de pois verts.	4	»	6	2	2	2	
Chocolat.	1,200	1,200	1,800	1,800	»	0,600	
Pruneaux	4	4	6	6	»	2	
Tapioca	0,600	0,600	0,900	0,900	0,300	0,300	
Gelée de pommes .	1,400	»	2,100	2,100	0,700	0.700	
Gelée de coings . .	1,400	1,400	2,100	1.500	0,700	0,700	
Beurre.	1,000	1,000	1,500	1,500	0,500	0,500	
Lait concentré. . .	6	6	6	6	6	6	
Vin fin de Banyuls.	8 lit. en 1/2 lit	8 lit. en 1/2 lit	8 lit. en 1/2 lit	8 lit. en 1/2 lit	8 lit. en 1/2 lit	8 lit. en 1/2 lit	
— de Bordeaux.	8 lit. en 1/2 lit	8 lit. en 1/2 lit	8 lit. en 1/2 lit	8 lit en 1/2 lit	8 lit. en 1/2 lit	8 lit. en 1/2 lit	

Si les quantités résultant de ces fixations paraissaient soit trop fortes, soit insuffisantes pour certains bâtiments, en raison de la nature de la campagne, l'autorité maritime pourrait les diminuer ou les augmenter dans telle proportion qu'il y aurait lieu.

———

Les bâtiments rentrant en France au terme d'une campagne ne devront faire d'approvisionnements que dans la limite du strict nécessaire pour le retour.

———

Le vin de Banyuls à délivrer à la flotte devra avoir été conservé *un an* dans les magasins pour éviter la fermentation à bord. Sur les navires, on devra le placer en lieux frais.

———

TABLE

Accidents et collisions en mer, loi du 10 mars 1891. Brochure in-16. . . . . 0 fr. 50

Album des Pavillons, guidons et flammes de toutes les puissances maritimes, in-4. . . . . 15 fr.

Arrimage des marchandises à bord dés navires de commerce. — (Décret du 1er décembre 1893). Brochure in-8. . . . . . . 0 fr. 50

Code International des Signaux à l'usage des bâtiments de toutes les nations, 1 vol. in-8. . . . . 5 fr.

Liste des bâtiments de la marine française (guerre et commerce), paraissant chaque année, in-8. . . . . 3 fr.

Livre de bord du mécanicien, in-4, cartonné. . . . . . . 4 fr. 50

Livre de punitions, in-4. cartonné. . . . . 0 fr. 60

Loi sur l'Inscription Maritime du 24 décembre 1896. *en vigueur du 1er juillet 1897,* brochure in-8. . . . . 1 fr.

Loi sur la Marine Marchande du 30 janvier 1893 (Primes à la Navigation et à la Construction), brochure in-8. . . . . 1 fr. 50

Primes à la Navigation et à la Construction (loi du 30 janvier 1893). — *Déclaration d'armement et registre des traversées du navire.* Un cahier in-4, pour 10 escales . . . . 3 fr.

Règlement sur le service des feux, les signaux à faire et les manœuvres à exécuter à bord des bâtiments de l'Etat et du commerce *pour préve-nir les abordages,* décret du 21 février 1897, en *vigueur du 1er juillet* 1897, in-16. . . . . 0 fr. 50

Tableau des distances de port à port pour le Long-Cours. Un fort volume in-4. . . . . 6 fr.

Tableau des distances de port à port pour le Cabotage international (loi sur la Marine Marchande du 30 janvier 1893, établissement et mode d'emploi du tableau des distances). —Un fort vol. in-4. . 10 fr.

DERCHE (Maurice). — **Décret-Loi disciplinaire et pénal pour la marine marchande. In-8.** . . . . 3 fr.

Ouvrage rendu obligatoire à bord de tous les navires
de Commerce, par décision ministérielle du 18 avril 1855.

Annuaire des marées des côtes de France. . . . . 1 fr.

Almanach du marin et de la France maritime, publié sous le patronage du Ministère de la Marine, paraissant chaque année le 15 décembre (1898, 60e année). 1 vol. in-16, 0 fr. 60. Franco poste. . . 0 fr. 75

www.ingramcontent.com/pod-product-compliance
Ingram Content Group UK Ltd.
Pitfield, Milton Keynes, MK11 3LW, UK
UKHW021710090726
13657UKWH00005B/2148